Que você melhore

Edição: Lidia María Riba
Colaboração editorial: Cristina Alemany
Tradução para o português: Adriana Toledo de Almeida
Revisão: Carmen Pareras
Direção de arte: Trini Vergara
Desenho: María Inés Linares
Fotografias: © Photodisc e Image DJ

www.livropresente.com

Raul José Felix de Oliveira, 1205 - CEP 06708-645
Granja Viana - SP
Tel./Fax: (55-11) 4612-2866
e-mail: editoras@livropresente.com.br

ISBN 978-85-7683-008-5

Impresso na China por AVA Book Production Pte. Ltd., Singapura
Printed in China

Licht, Marion
Que você melhore/Marion Licht;[tradução para o português Adriana Toledo de Almeida; desenho María Inés Linares] - Cotia, SP: Vergara & Riba Editoras, 2005.
Título em espanhol: Que te mejores.

ISBN 978-85-7683-008-5

1. Auto-ajuda 2. Esperança 3. Fé 4. Felicidade 5. Máximas 6. Saúde - Aspectos psicológicos
I. Linares, María Inés. II. Título.

Índices para catálogo sistemático:
1. Mensagens: Esperança: Desenvolvimento interior: Psicologia aplicada 158.12
2. Mensagens: Felicidade: Desenvolvimento interior: Psicologia aplicada 158.12

Que você melhore

Marion Licht

V&R
EDITORAS

Por não estar bem de saúde,
você recebeu a visita de muitos amigos.
Algumas pessoas lhe telefonaram,
outras lhe trouxeram flores.
Eu escolhi lhe dar de presente
estas palavras.
Espero que elas o reconfortem
e que realmente lhe transmitam
minha mensagem:
de todo o meu coração,
desejo que você melhore...

Palavras

Às vezes, as palavras
têm a capacidade
de alimentar o coraçao
e aliviar a alma
mais que qualquer
outra coisa.

BARBARA DE ANGELIS

É provável que esta seja uma situação inesperada
em sua vida. Por um tempo, você perdeu algo
que não valorizamos o suficiente quando temos: a saúde.
Essa harmonia entre corpo, mente e espírito
nos dá uma grande sensação de bem-estar.
Os bons momentos já estão voltando.
Logo você vai recuperar seu equilíbrio.

*Nos tempos de dificuldades
e inconvenientes, a lembrança
dos seus melhores momentos será
uma fonte de esperança e valor.*

HAROLD BLAKE WALKER

Bem-estar

Estamos todos ao seu lado desejando que você melhore o mais rapidamente possível. Mas quem primeiro e mais fervorosamente deve desejar isso é você. Pense só em sua recuperação: ser otimista vai ajudar você a superar de modo positivo esta situação.

A pior de todas as doenças é acreditar que elas não têm remédio.

FRANCISCO DE CABARRÚS

Desejo

Cuidar do mundo
dos seus pensamentos
é hoje mais importante
do que nunca, porque a mente
pode nos causar problemas
e provocar transtornos
que prejudicam nosso corpo.

*A mente, além da
medicina,
tem poderes
sobre os sistemas
de imunidade.*

JONAS SALK

Pensamentos

Talvez as preocupações, o cansaço ou o estresse tenham sido fatores importantes para deixar suas defesas vulneráveis. Se foi isso o que aconteceu, refletir sobre estes assuntos pode tranqüilizá-lo para restabelecer seu equilíbrio interior e para que o seu corpo não pague as conseqüências.

Vulnerabilidade

Estamos mais perto de ter saúde quando a mente tem pensamentos saudáveis e a alma está limpa: uma alma saudável continuamente envia renovação a todo o organismo.

NORMAN VINCENT PEALE

Para se recuperar mais rápido
você pode recorrer a um dos sentidos
mais importantes.
Não, não ao senso comum,
mas ao senso de humor.
Apesar da dor, sempre há
um momento para o sorriso.

Algumas doenças
são contagiosas, mas não há
nenhuma tão contagiosa
como a sua cura: o sorriso.
PETER MCWILLIAMS

Humor

Vou ajudar você a encontrar motivos para rir.
Você vai perceber que mesmo a situação dramática
tem o seu lado cômico e que rindo, juntos,
podemos superá-la melhor.

Riso

É um fato científico
que o riso ajuda
a combater a depressão,
a dor e a ansiedade.
Aprenda a rir
com vontade todos os dias.

PENELOPE SACH

Estarei ao seu lado para lembrar você
quando deve tomar os remédios
ou durante as visitas do médico,
mas, com o recurso do riso,
vou tentar fazer sempre com que você
não se deixe abater pela depressão.

Medicina

Não há muita diversão na medicina,
mas há muita medicina na diversão.

Josh Billings

Necessidade

Estou à sua disposição para o que precisar. Você pode me pedir que simplesmente o acompanhe ou que colabore com você fazendo alguma coisa. Confie em mim.
Não se preocupe, eu encontrarei tempo para ajudar você com carinho. E isso me deixará feliz: que você deseje coisas será um bom indício de sua melhora.

O amor é o mestre mais fecundo em recursos.

EURÍPEDES

Há momentos em que seu ânimo diminui
e seu horizonte se nubla. Você sente medo.
Tenha paciência, o pior já passou.
O que você tem pela frente é a sua recuperação.
Falta pouco tempo para que você volte a estar bem.

**Bem-aventurados os que estão
no fundo do poço,
porque daí para frente
só cabe ir melhorando.**

JOAN MANUEL SERRAT

Paciência

Certamente você poderá aprender alguma lição desta experiência. Talvez isto tenha acontecido para lhe indicar um novo caminho à felicidade. Não se esqueça de que a vida é um jogo de opostos, contrastes e dualidades.

Dualidade

As pessoas são como os vitrais:
brilham quando reina a escuridão e somente
se uma luz verdadeira brilha em seu interior.

ELIZABETH KÜBLER ROSS

Talvez a vida queira pôr você à prova
ou lhe dizer algo em especial. Talvez
por trás de sua doença exista uma mensagem
para decifrar, um aviso, um sinal de algo
a que você deve prestar mais atenção.

Toda a tarde, todo o concerto, toda a harmonia,
o deslumbrante mistério que estava ali
ao seu alcance, tão sereno e tão simples.
E você dentro de tudo, com tudo em si mesmo.
Eu lhe digo que só a vida existe.

JAIME SABINES

Interpretações

Mudança

Escute sua voz interior.
Talvez ela esteja lhe dizendo que algo não anda bem, que você poderia tentar coisas novas ou mudar certos aspectos de sua vida. Agora você tem tempo para ver tudo de outra perspectiva.

Então, escute bem.
Não as minhas palavras,
mas o tumulto que brame dentro
de seu corpo quando você
escuta a si mesmo.

René Daumal

Se for assim, o repouso é um estado ideal
para meditar sobre os passos a seguir.
Nesse caso, sua doença pode se transformar
em uma oportunidade para refletir
sobre seus planos para quando estiver melhor,
em um tempo que você dedicará a si mesmo...
Cada dia é único e precioso. Aproveite-o.

Oportunidade

Todos os dias Deus nos dá o sol e também a capacidade de transformar tudo em um instante.

Paulo Coelho

Confiança

Não permita que este problema
faça você duvidar de sua fé.
Tenha confiança: em você,
nos médicos, na vida,
nas pessoas que o amam
e que estão ao seu lado.
Você vai superar
este mau momento
e sairá dele com mais força.

Superar dificuldades
sempre nos enche
de uma secreta alegria,
porque significa
ter expandido
nossos limites
e ganho em liberdade.

HENRI-FRÉDÉRIC AMIEL

Valorize todo o amor de quem o rodeia.
O amor tem propriedades curativas.
Um abraço, uma palavra e um gesto
de carinho se transformam
em uma receita infalível para as doenças
do corpo ou da alma.

**Os remédios mais importantes
são o amor, a ternura e o cuidado.**
MADRE TERESA

Amor

Dor

Você foi obrigado a fazer uma pausa.
Está infeliz, sentindo impotência
e dor... mas não se deixe vencer.
A dor é intransferível.
Não posso sofrer sua dor, mas posso
compreendê-la e segurar sua mão.
Seja corajoso. Você vai superar isto como já
superou tantas outras adversidades,
lembra?

Você pode ter momentos de fraqueza, querer chorar...
Ânimo, não desista! As lágrimas são próprias do ser humano
e também ajudam a curar. Vou permanecer ao seu lado,
especialmente quando escurecer, se você quiser.
Durante uma doença, a noite é interminável,
a insônia ataca e as lágrimas chegam com mais facilidade.
Mas lembre-se: sempre, depois de uma noite escura,
o sol volta a sair.

Ânimo

Talvez existam momentos em que você queira estar sozinho. Mas não se isole. Um pouco de tranqüilidade e introspecção é bom, mas não recuse o consolo reconfortante daqueles que vêm visitá-lo e que se preocupam com você.

O amor é o umbral
pelo qual a alma passa do egoísmo
ao serviço, da solidão ao concerto
da humanidade.

ANTONIA KRANTZ

Consolo

Você tem tudo a favor
para se recuperar.
Às vezes a vida derruba
pontes porque quer nos obri-
gar a reconstruí-las.
Comece o quanto antes.
Tudo tem um sentido.

Esperança

Você é mais forte que estas circunstâncias. Se você não se render, você vai vencer e sairá desta dificuldade com mais força, com mais energia que nunca para vencer todas as batalhas que a vida lhe impuser. Você tem armas e recursos próprios para derrotar qualquer dor.

Força

Ressurja, anime-se, grite, ande, combata,
vibre, ondule, troveje, resplandeça...
Faça como o rio com a chuva: cresça!
E como o mar contra a rocha: bata!

José de Diego

Durante sua convalescença
você vai descobrir que há gente
maravilhosa que está por perto quando
você precisa, vai se reencontrar com você
mesmo, com sua família, com seus amigos...
Desejo que você se recupere logo,
que volte a ficar de pé diante do mundo
novamente, gritando aos quatro ventos
que você está novamente no controle
da sua vida, da sua saúde, dos seus sonhos.
Você vai conseguir...

Chave

Sou maior que qualquer coisa que possa me acontecer.
A tristeza, a desgraça e o sofrimento estão mais além
da minha porta. Estão do lado de fora.
Eu sou minha casa e tenho a chave.

CHARLES F. LUMMIS